Sina Nuêmo

Kabbala-Analyse

Sina Nuêmo

Kabbala-Analyse

Ursprung, Wandlung und Ziel

Goldene Rakete Verlag für Belletristik

Imprint
Any brand names and product names mentioned in this book are subject to trademark, brand or patent protection and are trademarks or registered trademarks of their respective holders. The use of brand names, product names, common names, trade names, product descriptions etc. even without a particular marking in this work is in no way to be construed to mean that such names may be regarded as unrestricted in respect of trademark and brand protection legislation and could thus be used by anyone.

Cover image: www.ingimage.com

Publisher:
Goldene Rakete Verlag für Belletristik
is a trademark of
International Book Market Service Ltd., member of OmniScriptum Publishing Group
17 Meldrum Street, Beau Bassin 71504, Mauritius

Printed at: see last page
ISBN: 978-620-2-44458-3

Inhaltsverzeichnis:

I. Einleitung

Die Analyse beruht auf dem Grundsatz, dass es keinen Zufall gibt, d. h. sowohl der Name als auch das Geburtsdatum eines Menschen werden als sinnvolle Informationen betrachtet.

Diese Informationen bedeuten keine Festlegung im Sinne eines unabänderlichen Geschickes, sondern stellen einen gewissen Rahmen innerhalb der seelisch-geistigen Freiheit dar.

Wir sind in Freiheit, in Ebenbildlichkeit zu Gott, erschaffen und dies bedeutet, wir dürfen Mitschöpfer sein, wir dürfen uns frei entfalten.

Freiheit ist aber nur dort, wo der Missbrauch nicht verboten ist. Also ist der Mensch in Gefahr, dank seines Mitschöpfertums, auch umgekehrt das Risiko der Freiheit für sich in Kauf nehmen zu müssen und sich verfehlen zu können.

Folglich haben wir zwar vollkommene Gestaltungsfreiheit aber dafür auch die volle Verantwortung.

Die Gestaltungsfreiheit können wir uns erleichtern, indem wir uns die uralten Fragen nach der Selbsterkenntnis stellen.

In der Kabbala wird vor allem nach dem Ursprung und dem Ziel eines Menschen gefragt.

Woher komme ich?

Aus welchem seelischen Hintergrund bin ich in diese Situation hineingewachsen?

Wenn alles sinnvoll ist, muss auch das, was ich erlebt habe, ein Ziel haben.

Die Kabbala baut auf 10 Grundprinzipien (Sephirot) und 22 Weisheitswegen (Grund- und Lebensprinzipien) auf, sichtbar gemacht im Lebensbaum.

Er ist die Darstellung des göttlichen Lebens, das die ganze Schöpfung durchdringt.

Die 10 Sephirot heißen: Malkuth (Königreich / Erde), Yesud (Fundament / Mond), Hod (Herrlichkeit / Merkur), Nezach (Sieg / Venus), Tiphareth (Schönheit, Harmonie / Sonne), Geburah (Kraft / Mars), Chesed (Barmherzigkeit / Jupiter), Binah (Verstehen / Saturn), Chokma (Weisheit / Uranus) und Kether (Krone / Neptun).

Die Lebensprinzipien entsprechen den 22 großen Arkanen im Tarot.

Die Grundprinzipien stellen die Kräfte Gottes und ihr Zusammenspiel aus menschlicher Sicht dar.

Durch Namen und Geburtsdatum werden die Kräfte ermittelt, die im Lebenslauf eines Menschen von herausragender Bedeutung sind.

Diese Kräfte drücken sich für jeden Menschen gebündelt in drei Lernbereichen (Lernprinzipien) aus: Ursprungsthema, Wandlungsthema und Zielthema.

Sie beinhalten Lernaufgaben, die von herausragender Bedeutung sind und die unsere Seele für unser jetziges Leben ausgesucht hat.

Das Ursprungsthema ist das Thema, das vom Moment unserer Geburt an eine wichtige Rolle spielt.

Das Wandlungsthema enthält die Eigenschaften, die wir in der Gemeinschaft mit anderen ausbilden wollen.

Diese Eigenschaften sollen immer meisterlicher zur Erfüllung des Ursprungsthemas und des Zielthemas dienen.

Es ist das Prinzip, mit dem ich jedes meiner Probleme angehen kann.

Das Zielthema spricht Eigenschaften und Fähigkeiten an, die wir (mit Hilfe des Wandlungsthemas) bis zum Ende unseres jetzigen Lebens lernen wollen.

II. Wege im Lebensbaum

1. Das Ursprungsthema

Bewusstseinsenergie der Begeisterung

(Tarot: Der Turm)

Es zeigt die Absicht der erneuten Inkarnation an.

Es ist mit der Grund, warum der Mensch auf die Erde gekommen ist und erneut geistige Fähigkeiten erlernen will.

Vielleicht ist in früherer Inkarnation diese Lernaufgabe nicht gut erfüllt worden und deshalb will die Seele, dass diese Aufgabe erneut angegangen wird.

Jedenfalls ist es das Thema, welches in der Lebensschule das Grundthema ist: die Bewusstseinsenergie der Begeisterung.

Dieser Weg vollzieht sich von Nezach (liebevoller Bewunderung, Schönheitssinn, Ewigkeit, Liebesgefühl, Imaginatinskraft) zu Hod (Transformation, Grenzüberschreitung, Geschicklichkeit, Kommunikation, Lebensklugheit) und gilt als kosmischer Starkstrom, der radikal Schluss macht mit Fehlgedanken und fehlgeleiteten Einstellungen sowie Tätigkeiten.

Diese Energie führt zu einer anregenden, aufregenden und mitreißenden Begeisterung.

Es ist eine Kraft, die den Menschen zum Erfolg führt, sofern er von innen heraus, vom Herzen her, seine Sache angeht und in die Tat umsetzt.

Er dringt zu dem vor, was er eigentlich will; dadurch wird ihm eine stark belebende Energie zugeführt.

Dieser Mensch bekommt oft mitten im Leben einen Hinweis, ob er auf seinem richtigen Weg ist.

Einen Hinweis, der ihn wie ein Blitz aus heiterem Himmel zu treffen scheint.

Er wird nötigenfalls auch in „Katastrophen" geführt, um dadurch den Wunsch zu verspüren, seinen bisherigen Weg radikal zu verändern und sich nur noch von innen heraus leiten zu lassen, mit dem Bewusstsein, dass der kosmisch-göttliche Geist durch ihn hindurch fließt und schöpferisch tätig ist.

Er will im Leben neue Akzente setzen, um die Menschheit zu völlig anderen Perspektiven zu führen und zu der Überzeugung, dass wir endlich unseren Fähigkeiten folgen dürfen und sie mit Wissen und Fachkompetenz sowie der erforderlichen schöpferischen Imagination angehen und verwirklichen können.

Eine solche Erkenntnis beflügelt und befähigt zu einem Neuanfang und fordert auf, mit höchster Energie, der eigenen Berufung zu folgen; sie führt zum kosmischen Starkstrom und zu der innewohnenden Begeisterung, das Leben eigenständig und mit der Berufung in Einklang zu bringen.

Die Seele hat vielleicht Rückschau auf vergangene Leben gehalten, die nicht sehr befriedigend waren, und will nun jetzt, dass (endlich) etwas Wesentliches geschieht, und der Mensch entsprechend seiner inneren Weisheit handelt.

Dieser Weg verkörpert auch die Kraft, über die eigenen Ideen und Erwartungen hinauszugehen.

2. Das Wandlungsthema

Bewusstseinsenergie der spirituellen Tatkraft

(Tarot: Die Gerechtigkeit)

Das Wandlungsthema enthält unsere Stärken, mit denen wir das ganze Leben arbeiten sollten; sie sind von Geburt an angelegt.

Sie sind als Werkzeug zu benutzen, das uns gegeben wurde, um unsere Aufgaben zu lösen.

Das Wandlungsthema stellt den vorherrschenden Charakterzug dar, mit dem wir alle Aufgaben bewältigen können.

Hier geht es um die spirituelle Tatkraft: sie stellt das kosmische Gesetz von Saat und Ernte in den Mittelpunkt ihres Handelns und will über den Geist auf die Materie einwirken.

Dies führt zur kosmischen Gerechtigkeit und dem Prinzip von Ursache und Wirkung mit der Aufforderung, sich mit den gegensätzlichen Kräften zu beschäftigen und Widrigkeiten zu überwinden.

Nur wenn wir im Einklang mit den göttlichen (natürlichen) Gesetzen handeln, können sich diese auf die Menschen und ihre Umwelt schöpferisch und dadurch segensreich auswirken.

Dazu ist es notwendig, das Potential von Liebe und weisheitsvollem Handeln in die jeweiligen Situationen einfließen zu lassen.

Der Weg der spirituellen Tatkraft führt aus dem egobehafteten Handeln heraus und stellt die göttliche Gnade und Liebe dar; sie ist grenzüberschreitend und setzt die geistigen Vorstellungen ins materielle um.

Mit ihm werden Grenzen überschritten, einhergehend mit einer problemlösenden Kreativität und dem Mut, neue Lösungen anzugehen und umzusetzen.

Zudem findet hier die Überbrückung von Yin und Yang statt, die das göttliche Schöpfungsprinzip in den Vordergrund stellt.

Menschen, die hier trainieren, haben oft ihr Ego in den Mittelpunkt ihres Handelns gestellt und ihr Handeln von der Zustimmung oder Ablehnung durch ihre Umwelt abhängig gemacht.

Diese Mal wollen sie sorgfältig ihre Ideen aufbauen und dazu den Segen Gottes erbitten.

Sie wollen sie in ein göttliches / kosmisches Gesetz einbinden und liebevoll säen, was sie ernten möchten.

Ihren Erfolg wollen sie jetzt von innen her anstreben, und so die spirituelle Tatkraft leben und umsetzen.

So wird ihnen der Erfolg zufallen, und sie selbst und andere reichlich belohnen.

3. Das Zielthema

Bewusstseinsenergie der Kollektivität

(Tarot: Die Sonne)

Was die Seele in diesem Leben erreichen möchte, geht aus dem obigen Thema hervor.

Wenn der Mensch das Ursprungsthema erkannt hat, drängt ihn die Seele, an dem Zielthema zu arbeiten.

Durch die Beschäftigung mit diesem Thema erhält er dann auch die persönliche Antwort auf die Frage: Wozu bin ich auf dieser Erde?

Es geht hier um die Bewusstseinsenergie der Kollektivität und um den Aufbau von Freundschaften. Es ist wichtig, diese aktiv mitzugestalten und auf die Menschen zuzugehen.

Die Energie dieses Weges begleitet das Verhalten des Menschen und will ihn ermutigen, mit Geschick, geistiger Vielfalt und Beweglichkeit, Ideenreichtum und Sachkompetenz seinen wahren Bedürfnissen nachzugehen und daran auch Freunde teilhaben zu lassen, um mit Ihnen eine geistige Gemeinschaft zu bilden.

Dazu ist es notwendig, die Grundlage der Persönlichkeit zu erforschen und möglichst viel aus dem Fundament der unbewussten Ebene auf die

Ebene des Bewusstseins zu heben, um die tiefen Muster des Daseins zu erforschen und im Leben anzuwenden.

Der Mensch, der hier trainiert, unterliegt aber oft der Gefahr abzuwarten und hofft, dass die Menschen auf ihn zukommen.

Er glaubt, dass niemand ihn liebe und wertschätze.

Seine Seele will aber, dass er lernt, aus seiner Isolation herauszutreten, selbst aktiv auf die Menschen zuzugehen und andere an seiner Entwicklung und seinen Gaben teilhaben zu lassen.

Es gilt in eine Familie der Seelenfreunde hineinzuwachsen und das gemeinsame Erleben von Gesundheit und Vitalität, Lebenskraft und Selbstvertrauen beflügelt zu unbegrenzten geistigen Erfahrungen; es befähigt zu einem tiefen Verständnis der geistigen Gesetze.

Dabei sollte die eigene Herzenssonne liebevoll auf andere wirken.

Ein solches Verhalten führt zu innerer Ausgewogenheit und setzt voraus, dass das eigene persönliche Unbewusste integriert wird; es führt aus dem krankmachenden Zwiespalt von negativ und positiv, von Licht und Schatten, von gut und böse und allen Gegensätzen heraus.

Die Schwierigkeiten der Vergangenheit können so überwunden und die Kräfte mobilisiert werden, die regenerierend auf den Menschen einwirken.

Dadurch kann das höhere Potential in uns und anderen genährt und entfaltet werden.

Es befähigt dazu, bessere Bedingungen zu schaffen, insbesondere, wenn die alten immer weniger geeignet erscheinen, oder nicht mehr funktionieren.

Das Leben bekommt so eine neue Bedeutung!

Die Sonne steht für die Lebensenergie, die innere Lebensenergie, die Kraft gibt, Neues zu erschaffen und uns an die Lebensquelle anschließt.

Es führt zu bewusster Hingabe an das Leben und befähigt, andere aufzubauen und zu motivieren, handelnd das eigene Leben zu gestalten.

III. Kabbala-Energiebild

Wir leben in einem Universum, das uns umgibt.

Wir beziehen Kräfte daraus und nehmen diese in unterschiedlicher Intensität auf. Zur Aufnahme dieser Kräfte / Energien verfügt jeder Mensch über zehn Energieeinströmtore.

Die roten Zahlen sagen aus, dass hier die Energietore weit aufstehen, dass also hier ein besonders starker Energiestrom einfließt.

Bei den grünen Zahlen hingegen fließt ein normaler Energiestrom ein; sie bilden gleichzeitig unser Kapital, mit dem wir wuchern und arbeiten können.

Eine rote Zahl zeigt an, dass hier eine Hauptaufgabe in diesem Leben gelernt und gelebt werden soll.

Zwei und mehrere rote Zahlen zeigen, dass die Energietore besonders weit offen stehen und oft versäumte Lebensaufgaben (in früheren Inkarnationen) jetzt von der Seele mit viel Kraft und Beharrlichkeit eingefordert werden.

Dort, wo schwarze Striche an den Energietoren zu finden sind, wird die volle Energie so lange zurückgehalten, bzw. fließt so lange vermindert ein, bis die Energie mit dem dazu jeweiligen in Verbindung stehenden Einströmtor (rote Zahl) richtig gelebt wird.

Bleiben die Lebensaufgaben zu lange unberücksichtigt, werden entsprechende krankmachende Reaktionen hervorgerufen.

Die Seele will uns dann darauf hinweisen, dass wir etwas falsch machen.

Sobald die Ursachen für unsere bisher versäumten Lebensaufgaben (rote Zahlen) beseitigt werden, können die bisher zurückgehaltenen Energien frei fließen.

Das jeweilige Energiebild sagt, wie die Lebensthemen (Ursprungsthema, Wandlungsthema und Zielthema) angegangen und gelernt werden können.

1. Punkt 1

(rote Zahlen zu Punkt 3)

Lernaufgabe: Universelle Verbundenheit

Die Energie strömt am Kronenchakra ein.

Sie wird körperlich dem Hinterkopf zugeordnet.

Bei dem Einströmpunkt geht es um die universelle Verbundenheit.

Dem Menschen soll hier bewusst werden, dass er mit allem verbunden ist und alle zum göttlichen Organismus gehören.

Wir alle sind folglich göttliche Geschöpfe und Gott ist in uns allen anwesend.

Von diesem Bewusstsein getragen, bedarf es keiner besonderen Vorschrift, noch Vorstellungen, wie der Mensch sich richtig verhalten soll.

„Einem Stein, der in der Sonne liegt, braucht man nicht zu befehlen, warm zu werden.“ (M. Luther).

Das heißt, die Sonne des universellen Bewusstseins ist für alle (und alles) da.

Das universelle Bewusstsein ist auch das Bewusstsein von Saat und Ernte.

Jeder Mensch erntet das, was er gesät hat.

Sein gegenwärtiges Leben ist das Ergebnis seiner Vergangenheit und so, wie er heute lebt, wird seine Zukunft aussehen.

Das heißt, jeder erschafft seine eigene Version von der Welt, seine eigene Wirklichkeit und seine eigene Lebenserfahrung.

Alles, was den Menschen in irgendeiner Weise berührt oder betrifft, hat sein eigenes Wesen herbeigeführt.

Zum Beispiel ergibt eine Mangeleinstellung Mangel und eine Einstellung, die von Wohlstand und Fülle geprägt ist, Wohlstand und Fülle; eine Einstellung, die von Gegensätzlichkeiten und Konfrontation geprägt ist, erzeugt Disharmonie und ein friedliebendes Verhalten (die Synthese suchend) Harmonie und Ausgleich.

Das Bewusstsein von Saat und Ernte führt auch zu der Erkenntnis, dass dem Menschen nur Unannehmlichkeiten beschert werden, weil er auch anderen Unannehmlichkeiten beschert.

„Täter" und „Opfer" spielen ihre Rolle im gleichen Spiel.

Es gilt, mit sich und seinem Leben achtsam umzugehen und seine Lebenssituation – aufgrund der Einsicht, dass das Schicksal selbst verursacht wurde – neu zu durchdenken.

Über ein solches Bewusstsein ist es möglich, in die Versöhnung hineinzukommen; sie hilft zu vergeben und frei zu werden.

Das heißt, erst über die Vergebung kann ich Situationen und Ereignisse loslassen, die mich (energiemäßig) bisher gebunden haben.

Die universelle Verbundenheit führt auch immer in Situationen, in denen sich der Mensch mit Hilfe anderer bewähren soll.

Er bekommt daher auch immer die richtigen Partner, mit denen er trainieren und üben kann, um seine Lernaufgaben zu bewältigen.

Dies schließt mit ein, dass mit den Menschen, die am meisten geliebt werden, auch die häufigsten und nachhaltigsten Schwierigkeiten auftreten.

Sofern diese Energie nicht richtig gelebt wird, kann es zu erheblichen Störungen im Bereich des Kopfes kommen.

Hier werden Augen, Ohren, Nase, Oberkiefer und Nebenhöhlen in Mitleidenschaft gezogen.

Außerdem werden häufig Nein-Entscheidungen getroffen, die sich im Energiehaushalt negativ auswirken.

Am obigen Punkt fließt die Energie zweifach ein.

Dies ist ein Hinweis darauf, dass in den beiden vorhergehenden Inkarnationen diese Lernaufgabe schon einmal anstand, aber nicht oder nicht ganz bewältigt wurde.

Deshalb hat die Seele dieser Lernaufgabe in diesem Leben einen besonderen Stellenwert zugemessen; sie soll mit großem Nachdruck gelernt werden.

2. Punkt 3

(rote Zahlen zu Punkt 5)

Lernaufgabe: Entscheidungskraft (Ja-Entscheidungen)

Diese Energieform ist eine Yang-Kraft und strömt in das Halschakra ein.

Sie wird körperlich dem Bereich der Stirn zugeordnet.

Hier sollen Entscheidungen getroffen werden, an denen ich selbst und andere Menschen Freude haben.

Es gilt, sich auf positive Ja-Entscheidungen zu konzentrieren und zu lernen, auszudrücken, wofür ich bin.

Nein-Entscheidungen schädigen den Energiehaushalt; positive Ja-Entscheidungen fördern die Harmonie, vermitteln ein besseres Lebensgefühl und fördern die innewohnenden aufbauenden Kräfte.

Ich muss wissen, wofür ich bin und nicht wogegen!

Das bedeutet, dass ich für den Frieden (und nicht gegen den Krieg) bin; dass ich das Fehlende (und nicht den Fehler) suche; dass ich die bewundernden und die inneren aufbauenden Aspekte suche (und nicht die Kritik).

Es bedeutet aber auch, Toleranz auszuüben und anderen zu gestatten, so zu sein, wie sie sind.

Ja zu den Menschen zu sagen und Ja zu sich selbst und seinem Handeln.

Es kommt letztlich immer auf die richtigen positiven Ja-Entscheidungen an.

Solche Ja-Gedanken bzw. Ja-Entscheidungen fördern den inneren Frieden und den Frieden mit der Umwelt.

Alles, was wir positiv bejahen können, erhöht unsere Schwingungen und bringt uns in eine bessere Energie.

Wir nehmen die Welt so wahr, wie wir denken und wie es unserer inneren Haltung entspricht.

Denken wir positiv, schaffen wir eine positive Welt; denken wir negativ, ziehen wir negative Umstände an.

Eine solche Einsicht fordert ein völliges Umdenken, das auch zu neuem Handeln führt.

Wenn wir z. B. einem arroganten Menschen begegnen, sollten wir sagen: „Ihm fehlt Selbstvertrauen, deshalb verhält er sich so", anstatt zu urteilen: „Mit diesem arroganten Typen will ich nichts zu tun haben".

Wir sollten daher in allem, was uns begegnet, das Fehlende und nicht den Fehler suchen.

Sofern diese Energie nicht oder nicht richtig gelebt wird, kommt es zu erheblichen Störungen bei Punkt 5 im Bereich des Solarplexus, in den Verdauungsorganen, weiblicher Brust, Lunge, Herz und der Haut.

Es kommt auch zu starken gefühlsmäßigen Verletzungen und Fremdbestimmungen, einhergehend mit diffusen Ängsten, Depressionen und Unzufriedenheiten.

Durch mangelnde Selbstbestimmung kann es auch zu angepasstem Verhalten kommen, weil der Mensch allen gerecht werden und möglichst nicht auffallen möchte.

3. Punkt 4

(rote Zahlen zu Punkt 6)

Lernaufgabe: Wesenhafter Selbstausdruck

Diese Energieform ist eine Yang-Kraft:

Sie strömt in das Halschakra ein.

Hier geht es um den wesenhaften Selbstausdruck, sowohl durch Reden als auch durch Tun und Unterlassen.

Ich drücke mich durch meine Arbeit, mit meinen Händen, Armen, meinem ganzen Körper aus.

Der wahrhaft gelungene Selbstausdruck bringt körperliches und emotionales Wohlbefinden.

Der Mensch will sich mit seinem ganzen Wesen in die Welt hinaus ausdrücken.

Dieser Ausdruck vollzieht sich aber sehr häufig nicht als Ausdruck des eigenen Wesens, er vollzieht sich als Fremdausdruck, als etwas Fremdes, das nicht uns selbst, so, wie wir empfinden, und was wir sind, ausdrückt.

Ausdruck besteht auch darin, dass gewisse (verbale und nonverbale) Formen unterlassen und andere hervorgehoben werden.

Wesentlich ist, dass wir unser Kommunikationszentrum dazu benutzen, ehrlich und aufrichtig (aus dem Herzen heraus) zu kommunizieren.

Der wesenhafte Selbstausdruck bezieht sich auf alle Formen und Bereiche des Lebens, z. B. Gemeinschaftsbildung (Ehe, Partnerschaft, Liebesbeziehungen) und Einflussnahme (ohne Gewalt) auf Situationen, Institutionen, Menschen.

Darüber hinaus bezieht es sich auch auf kosmisches Denken und Handeln (wir sind alle eins); Loslassen-können (kreative Lust am Wechsel, Intuition, Vertrauen lernen, auf die innere Stimme hören); Begeisterung (mich und andere begeistern, mit ganzem Herzen etwas tun); wahre Erfolge (von innen heraus und nicht im Äußerlichen) anstreben; Bereinigung von falschen Vorstellungen (Spiegelgesetz).

Immer ist wesentlich, dass ich mich meinem göttlichen Wesen gemäß in Situationen, Ereignisse und Gemeinschaften einbringe und mutig und freudig zu meinen Aktivitäten stehe.

Aber auch das Gegenteil kann der Fall sein, nämlich dann, wenn durch übermäßiges Reden und ein übermäßiges Handeln das wahre Wesen, der wesenhafte Selbstausdruck, durch ein solches nicht zum Ausdruck kommt.

Wird diese Energieform nicht richtig gelebt, kommt es zu Störungen am Punkt 6, dem Vitalitätszentrum. Es führt zu eingeschränkter Freude, Lustlosigkeit, Kraftlosigkeit, Lieblosigkeit und zu

Partnerschaftsschwierigkeiten. Bei Frauen können auch Schwierigkeiten in der Schwangerschaft und bei der Geburt auftreten.

Außerdem gehen damit Immunschwäche und Erkrankungen von Niere und Blase, Geschlechtsorganen, Lymphen, schlechten Blutwerten und Schwierigkeiten im Sexualbereich einher.

4. Punkt 5

(rote Zahlen zu Punkt 6)

Lernaufgabe: Entfaltung der Einzigartigkeit, Selbstverwirklichung

Die Energie ist eine Yang-Kraft.

Sie strömt in das Nabelchakra ein und wird körperlich dem Bauchraum zugeordnet.

Dieser Punkt soll die Einzigartigkeit meines Wesens zum Ausdruck bringen.

Es gilt, aus der Fremdbestimmung heraus in die Selbstbestimmung zu kommen und meine Einzigartigkeit zu entfalten.

Es bedeutet, dass der Mensch unterwegs ist und sich spirituell entwickeln will.

Er darf das Angebot der Schöpfung annehmen, einzigartig zu sein (und nicht die Ansprüche anderer übernehmen).

Verallgemeinerungen stimmen daher nicht, weil sie die Einzigartigkeit leugnen.

Ein Gradmesser, inwieweit ich den besonderen Einstrom lebe, wird die Frage nach meinem Wohlbefinden sein.

Das kann bedeuten, dass wir uns vom Gefühl her nicht gut fühlen, weil wir an den Symptomen herum laborieren, anstatt uns mit den Ursachen unserer Einzigartigkeit zu beschäftigen.

Der Fünferpunkt fordert uns auf, zu erkennen, welche (alten) Muster unser Leben, z. B. aus der Kindheit oder aus vergangenen Leben, beherrschen und uns fremd bestimmen.

Diese Muster sind in unserem Unterbewusstsein verankert, die einen liebevollen Umgang bei der Aufarbeitung der alten Norm- und Wertvorstellungen erfordert.

Hier zählt die Aufforderung, wesentlich zu werden, sich keine Selbstbeschränkungen aufzuerlegen und das Leben kreativ und individuell zu gestalten.

Letztlich geht es um die Selbstverwirklichung des Menschen, der sich selbst seinen Anlagen gemäß lebt und sich nicht fremdbestimmten Rollen verpflichtet. „Entweder du lebst, oder du spielst eine Rolle. Solange du eine Rolle spielst, lebst du nicht.“ (E. Börn)

Wenn wir unsere Einzigartigkeit leben, tun wir uns und den anderen den größten Gefallen, weil wir die anderen von der Aufgabe erlösen, uns ständig etwas spiegeln zu müssen.

Wir erlösen sie von dieser Aufgabe und werden fähiger, uns selbst ernst zu nehmen, können uns und die anderen lieben und entsprechend unserer göttlichen Natur leben.

Wird die Energie, die hier einströmt, nicht oder nicht richtig gelebt, kommt es zu Störungen am Punkt 7.

Die Energie richtet sich dann negativ aus und kann zu Gehbehinderungen (Beine, Hüften, Leibesfülle) und zu Unfällen führen.

Zudem wird das Bewusstsein, mit der gotterfüllten Natur in Einklang zu leben, getrübt.

Es fehlt auch die Erdverbundenheit und die Einsicht, in allem das Natürliche zu sehen.

Die obige Energiestruktur macht es erforderlich, den Punkt 1 als erstes und mit hoher Priorität zu lernen.

Als Folgeaufgabe sind dann die Punkte 3 und 5 anzugehen, die wiederum in Verbindung mit dem Punkt 1 (Kettenreaktion) stehen.

Der Punkt 6 dagegen stellt eine eigenständige Lernaufgabe dar und ist nicht weniger bedeutsam.

5. Das Yang – Yin – Verhältnis

Ais dem Energiebild ist das Verhältnis der Yang- bzw. Yin-Einströmungen zu ersehen.

Es ergibt sich aus der Anzahl der männlichen Yang-Einströme der Punkte 2 bis 5 und der Anzahl der weiblichen Yin-Einströme der Punkte 7 bis 10.

Da sich hier nur Yang-Einströme zeigen, ist die ein Zeichen dafür, dass die männliche Seite mehr betont werden will.

Es ist zu lernen, bewusst und aktiv zu handeln und die Tatkraft einzusetzen.

Es könnte sein, dass die Annahme vorherrscht, alles würde von selbst, ohne bewusstes Dazutun, geschehen.

Dies mag dann dazu verleiten, manche Dinge und Angelegenheiten einfach schleifen zu lassen, ohne bewusste Einflussnahme.

Solche möglichen Eigenschaften stehen aber den Lernaufgaben, die angegangen und gelebt werden sollen, zuwider.

Es ist bewusst zu lernen, Kraft des Geistes, Entscheidungen zu treffen und Einfluss auf die spirituelle Entwicklung zu nehmen.

Das heißt nicht, dass die Yang-Seiten verstärkt gelebt werden sollen, sondern, dass die Yang-Aufgaben gelernt werden sollen, und dabei die intuitive Seite nicht zu vernachlässigen ist.

6. Lebensaufgaben

Bei der nachfolgenden Betrachtung deines Energiebildes ergeben sich noch einige Punkte und Details zu Deinen Lebensaufgaben, die Du beachten solltest.

Dabei lassen sich einige Wiederholungen nicht vermeiden.

Du willst Entscheidungen treffen, die durch die göttliche Kraft geprägt sind und positive Ergebnisse zeigen.

Insbesondere willst Du lernen, Ja-Entscheidungen zu treffen und dazu um göttliche Hilfe zu bitten.

Diese Entscheidungen sollen zu Deinem eigenen und zum Nutzen anderer dienen.

Und wenn Du die richtigen Entscheidungen umsetzt, werden sie durch göttliche Hilfe mit Leben erweckt.

Du erfährst dann die aufbauende Gotteskraft, die durch Deine Entscheidungen in die göttliche Einheit führt.

Du willst Negativentscheidungen überwinden und das herausfinden, was Deinem Wesen gemäß ist.

Du willst die richtigen Entscheidungen für Dich treffen und Deine Seele in alle Entscheidungen mit einbeziehen.

Deine Seele drängt Dich, Deinen Lebensweg zu gehen, entsprechend Deinem Karma zu handeln und für Dich Deine Wahrheit zu finden.

Gelingt Dir dies nicht, besteht die Gefahr für Dich, dass Du sehr einsam wirst.

Du möchtest Freunde im Leben entwickeln, die im Einklang mit Deinem werdenden Wesen steht.

Dazu gehört, dass Du achtsam mit Dir und anderen umgehst, und dazu auch das nötige diplomatische Geschick entwickelst.

Negativ ausgedrückt: es ist sehr wahrscheinlich, dass die Lebensfreude bisher gelitten hat, weil Du Dein Wesen nicht zum Ausdruck gebracht hast oder noch nicht zum Ausdruck bringen konntest.

Auf allen Ebenen willst Du heilend auf Dich und andere einwirken, Dich selbst bestimmen und die göttliche Schöpfung (alles ist göttliche Schöpfung) achten.

Das Helfen, Dienen und Heilen Dir selbst und anderen gegenüber, ist daher für Dich ein ganz wichtiger Aspekt.

Je mehr es Dir gelingt, heilend auf Dich selbst einzuwirken, desto mehr wirkst Du auch auf Deine Umwelt heilend und segensreich.

7. Polare Gegensätze im Energiebild

Für Dich ist wichtig, Dich an der universellen Verbundenheit auszurichten.

Das heißt, Du solltest Dich an den geistigen (kosmischen) Gesetzen orientieren, um Dein Energiepotential zu leben und in das tägliche Handeln einfließen zu lassen.

Du unterliegst der Gefahr, ständig zwischen Geist und Materie zu pendeln.

Ohne geistige Kontrolle könntest Du zu stark am Materiellen ausgerichtet sein und könntest die starken Lebensenergien nicht umsetzen.

Wesentlich ist daher, davon auszugehen, dass nur unter Beachtung der geistigen Gesetze die wahren Energien gelebt werden können; sie führen zu Lebensfreude, Vitalität und Kreativität.

Es kann oft zu einem Hin und Her zwischen Wünschen und Wollen, zwischen passivem Erleben einerseits und unbestimmtem Handeln oder nur Handeln wollen, führen.

Ohne bewusstes Handeln kann es zu einem „Kampf der Geschlechter“, zu starken polaren Gegensätzen und zu Trennungen kommen.

Ein Leben in göttlicher Verbundenheit führt Dich in beglückende Harmonie.

Deine möglichen Verspannungen oder schicksalshaften Verspannungen können zu einer Lösung führen, wenn die mögliche seelische Schwere überwunden wird.

Du selbst bist der Verursacher Deines Schicksals und als Schöpfer Deines Lebens kannst Du jederzeit das Leben ändern, besonders dann, wenn Du zunehmend mehr Deine Herzensqualitäten ausbildest und das Christusprinzip verwirklichst.

Dann können auch Kritik und Besserwisserei überwunden werden.

Für Dein Wandlungsbewusstsein ist es wichtig, Dich geistig auszurichten und zu Deiner polaren Ergänzung zu finden.

Falls Du dieses versäumst, also Deine intuitive und gefühlsmäßige Seite nicht lebst, können „Verhärtungen" die Folge sein, die Dir auch gesundheitlichen Schaden zufügen und Dich von Deinem Herzenszentrum weiter abrücken lassen.

Es ist wesentlich für Dich, die geistigen Gesetzmäßigkeiten zu beachten, sie zu leben und in Dein Leben zu integrieren.

Je mehr Dir dies gelingt, desto entschiedener kannst Du Dich aus möglichen Verspannungen lösen und in Dein inneres Wohlbefinden kommen.

IV. Ganzheitliche Aspekte

1. Karmischer Hintergrund

Ausgehend von Deinem karmischen Hintergrund willst Du wahre Lebensfreude erleben und Dich nicht der Versuchung, Dich auf materielle Lebensfreude zu begrenzen, hingeben.

Insbesondere willst Du die Yin-Yang-Spannungen überwinden, so, wie zwar die Yin-Yang-Symbole gleich aussehen, aber nur dann eine Einheit darstellen und einen Kreis bilden, wenn sie in richtiger Weise zusammen gebracht werden.

Aus solchen polaren Gegensätzen entsteht die Schöpfung, entsteht das Geschöpf (Mensch) und alles Neue.

Du selbst bist Gottes Geschöpf und willst die polaren Gegensätze erfahren, erleben und wieder in die Einheit führen.

Du willst lernen, Dich herzlich, herzhaft und freudig auszudrücken und Dich vom „Druck" Deines Schicksals lösen.

Dazu ist es wichtig, die Schwelle vom Physischen zum Metaphysischen zu überwinden und als bewusster Mensch zu erkennen, dass Du nur mit dem Geist und Deiner Herzenswärme auf die physische Ebene einwirken kannst.

Das heißt, die materiellen Begrenzungen aufzugeben und sie mit Intuition und schöpferischem Wollen zu überschreiten.

So findest Du Deinen wesensmäßigen Selbstausdruck und kommst in die Fähigkeit, mit dem Herzen zu sehen.

Wesentlich ist für Dich, dass Du Dich nicht von Äußerlichkeiten leiten lässt.

Sofern nur das Materielle im Vordergrund stehen würde, kann das Göttliche sich nicht in Dir entfalten und zum Ausdruck gebracht werden.

Auch solltest Du Dich nicht vom „Alltagsgetriebe“ verschlingen lassen und Dir bewusst Zeit für die Stille und die innere Ruhe nehmen, um zur Ganzheit Deines göttlichen Wesens zu finden.

2. Potential

Entsprechend Deinem Potential gilt es, Dich von falschen Entscheidungen durch Bereinigung Deines Denkens zu befreien.

Du möchtest das hinter Dir lassen, was Dich behindert und einengt, um weisheitsvolle Beschlüsse und Entscheidungen zu treffen, die es Dir ermöglichen, mit Deinen Fähigkeiten richtig umzugehen.

Du willst Deine Herzensangelegenheiten besser zur Geltung bringen und erfahren, dass Dir alle Möglichkeiten offen stehen.

Du willst aus Deiner Seele heraus das Göttliche sehen und leben und in die geistige Bereicherung hineinkommen.

Sie ist für Dich der Motor, der in dem anderen Menschen immer eine Begegnung mit Gott sieht und Dich auch an Situationen heranführt, die oft an die Grenzen Deiner Liebesfähigkeit stoßen und Dich lehren wollen, auch das „Verteufelte" in Liebe anzunehmen.

Wenn Dir dieses gelingt, steigerst Du Deine Lebensenergie, Lebenslust und Lebensfreude.

Aus Deiner Entscheidungskraft heraus möchtest Du positive Ja-Entscheidungen, Dir selbst und anderen gegenüber, treffen.

Negative Entscheidungen bergen die Gefahr, auf dem derzeitigen Entwicklungsstand stehen zu bleiben und auf dem erreichten Stand zu beharren.

Sie können zu Fehlentscheidungen führen und Deine spirituelle Weiterentwicklung erschweren und gar verhindern.

Deine Lebensfreude wird dann auf Äußerlichkeiten beschränkt und geht mit dem Versuch einher, aus der reinen Stofflichkeit das „Blut“ (Süchte) zu saugen.

Gemäß Deines karmischen Hintergrundes und Deines mitgebrachten Potentials wirst Du durch vereinigende Einstellungen immer mehr Deine inneren Konzepte erkennen und annehmen können.

Sie werden es Dir ermöglichen, verstärkt auf andere mit der nötigen Hingabe und der richtigen geistigen Konzeption zuzugehen und die Schwelle der rationalen Begrenzung zu überschreiten.

Durch liebevolles Denken und zunehmende Konzentrationskraft wirst Du auch befähigt, Dich den physischen und metaphysischen Angelegenheiten hinzugeben, sie in die Einheit zu führen und die Vielfalt gelten zu lassen.

Du kannst dann entsprechend der Bergpredigt leben und handeln.

V. Anhang

1. Mondknoten im Sternzeichen

Hier lernt der Mensch Reife.

In früheren Inkarnationen neigte er dazu, die Welt durch eine rosarote Brille zu sehen; er sah nur das, was er sehen wollte, mit der sicheren Überzeugung, dass alles andere nicht existierte.

Jetzt ist noch ein kleiner Überrest von diesem „Baby“ in seinem Südknoten vorhanden.

Von seinen vorigen Leben ist er so daran gewöhnt, an Krücken zu gehen, ringt ständig mit seinen Abhängigkeiten und sucht ein Treppengeländer zum Anlehnen, so dass sein gegenwärtiges Leben der daraus resultierende Trümmerhaufen von Ausflüchten und kindlichen Gewohnheiten ist, die sein Wachstum erschweren.

Dies ist wirklich das immerwährende Kind, das auf alle Kosten versucht, seine Rolle aufrechtzuerhalten, nämlich die, die elterliche Aufmerksamkeit auf sich zu lenken.

Wenn schwierige Probleme zu lösen sind, würde er diese lieber von seinen Eltern lösen lassen.

Jeder Mensch, den er trifft, sei es ein Freund, ein Geschäftspartner oder Ehepartner, wird automatisch der symbolische Elternteil, der sein

Unglück von ihm nehmen soll und der ihn beschützen soll vor dem herunterfallenden Himmel, den er sich selbst erschaffen hat.

Er erschafft sogar eigene, selbstzugefügte Krankheiten, die ein kleiner Fingerzeig sein sollen, um Liebe und Zuneigung zu gewinnen.

Er versucht ständig, erwachsen zu werden, doch er scheint nie ganz bereit zu sein oder den Übergang nie ganz zu wollen.

Irgendwie fühlt er, dass er zuerst noch viel mehr Praxis braucht.

Alles, was er in diesem Leben macht, basiert auf sehr empfindlichen und tiefen Gefühlen, die durch die leiseste Ablehnung erschüttert werden.

Viele mit diesen Mondknotenstellungen sind sehr stark in Anspruch genommen mit den Geschäften ihres Landes.

Für sie ist die Regierung, der Staat, etwas Privates, Persönliches, in größerem Umfang ein Mitglied ihrer großen Familie.

Es existiert auch eine ungewöhnlich starke Vaterlandsliebe und Treue.

Viele mit diesen Mondknoten konzentrieren einen großen Teil ihrer Stärke und Aufmerksamkeit auf jüngere Menschen.

Sie hören gerne den Sorgen und Nöten anderer Menschen zu, sind aber selbst keine schnellen Problemlöser.

Sie neigen dazu, alles in sich aufzunehmen und dort festzuhalten.

Wenn das Gewicht der Probleme zunimmt – wie bei den ansammelnden Glucken – scheinen sie die Probleme auszubrüten, anstelle von sich selbst.

Das schwierigste karmische Problem des Südknotens ist zu lernen, alles kommen und gehen zu lassen, loszulassen.

Der Mensch bringt so starke innere Ängste mit in dieses Leben, dass er etwas verlieren oder vergessen könnte, dass er noch besondere Extra-Anstrengungen unternimmt, um ja alles behalten zu können, durch das er einmal gegangen ist.

So macht er sich selbst zum „psychischen Abfalleimer" der Vergangenheit.

Ständig denkt er über seine Gegenwart nach in Bezug auf das, was er eigentlich hätte machen müssen, vor vielen Jahren.

Oft sieht man ihn in alten Fotographien herum sortieren, weil er hofft, seine Zukunft aus diesen Fragmenten seiner Vergangenheit schaffen zu können.

Manchmal kann er ziemlich belastend sein, wenn er all das, was für ihn getan wurde, als Sprungbrett benutzt und nach immer mehr fragt.

Mit all seinen emotionalen Problemen stellt er die Geduld der Menschen ganz schön auf die Probe, und lange, nachdem er die Lösungen von anderen erhalten hat, weigert er sich, sie logisch zu sehen durch seine Gefühlswolken.

Ihn interessiert nicht so sehr, warum die Dinge falsch gelaufen sind, da er die verlorenen Gefühle sucht, um sie zurück zu bekommen.

Mit dem Verabschieden und Loslassen hat er besondere Schwierigkeiten.

Das Wort „Auf Wiedersehen“ ist nie Teil seines Wortschatzes gewesen, denn er hat immer versucht, Beziehungen so lange wie möglich zu bewahren.

2. Mondknoten im Haus

Hier muss der Mensch viele Lektionen lernen auf dem Gebiet der Partnerschaft, Ehe und Zusammenarbeit mit anderen.

In früheren Leben musste er nur Rechenschaft ablegen über all seine eigenen Gedanken und Taten.

Jetzt, im gegenwärtigen Leben, erinnert sich seine Seele an die ganze Individualität und Unabhängigkeit, die sie einmal genossen hat.

Um akzeptiert zu werden, tut er so, als sei er ein guter Zuhörer, doch er nimmt selten einen guten Rat an.

Er verbringt die meiste Energie damit, alle möglichen Fähigkeiten und Talente zu entwickeln, und dabei sucht er ständig nach Anerkennung für seine Bemühungen.

Er beachtet die anderen viel weniger als sich selbst, doch er ist der letzte, der dies jemals offen zugeben würde.

Seine große Angst besteht darin, von etwas ausgeschlossen zu sein, und er geht sehr weit, um für sich selbst eine Position zu sichern, wo seine Herrschaft nicht herausgefordert wird.

Wenn auch das restliche Horoskop eine gewisse Stärke zeigt, dann ist dies wahrhaftig ein Mensch, der „der König der Berge“ sein möchte.

Obwohl ihn seine Erfahrungen in diesem Leben lehren, den anderen zu dienen, wird er sich kaum wirklich aufopfern, denn er hat so viele Leben damit verbracht, endlich unabhängig zu werden.

Seine Beziehung zu anderen hält nur so lange an, wie sie sein Freiheitsgefühl nicht fesseln und binden.

Wenn er fühlt, dass eine ihm nahestehende Person ihm seinen Selbstausdruck untersagt, wird er alles tun, was in seiner Macht steht, um sich aus dieser Beziehung zu befreien.

Darum wird eine Ehe nicht leicht für ihn sein.

Menschen mit diesen Mondknotenstellungen sind entweder ledig oder geschieden oder bewusstseinsmäßig getrennt von ihrem Partner.

Es ist schwierig für sie zu glauben, dass es das Fortsetzen ihrer früher gelebten Selbstsucht ist, was nun all die Probleme schafft, die sie nun anderen vorwerfen.

Sie müssen lernen, mit ganzem Herzen zu geben und nicht – symbolisch gesehen – einen Knochen hierhin und dorthin zu werfen, um das Pack ruhig zu halten.

Dieser Mensch ist gewöhnlich so außer Harmonie mit sich selbst, Teil eines größeren Universums zu sein, dass er dazu neigt, chronische Beeinträchtigungen und Hindernisse zu entwickeln, entweder körperlich oder auch geistig und seelisch – die er schließlich benutzt, um Sympathie zu erlangen.

Das letze, was er akzeptieren würde, ist ein Gefühl von Schwäche oder Versagen, denn er fühlt ständig das Bedürfnis und die Notwendigkeit, seine eigenen Fähigkeiten zu testen.

Manchmal sehen ihn die anderen als Krieger, der jede Bedrohung seines Egos gut bewacht.

Da er auf keinen Fall von anderen abhängig sein möchte, ist seine Zuverlässigkeit zweifelhaft.

Seine früheren Leben haben ihn gelehrt, nur treu sich selbst gegenüber zu sein, und damit hört dann seine Lebenspflicht auf.

Für alle, die mit ihm irgendwie zu tun haben, ist er ihr Patron, ihr Beschützer, und nur selten wird er von sich aus die Verbindung mit anderen suchen.

Er ist ein „Einsamer", der sich seiner einzigartigen Einmaligkeit bewusst ist und der stolz auf die Art ist, wie er sie auch behalten kann.

Sein Karma ist, Rücksichtnahme zu lernen, denn in seinen Wünschen, der Mittelpunkt aller Beachtung zu sein, sieht er sich selbst als wichtiger, als er wirklich ist.

Und dabei schließt er die wahre Liebe aus, die er für sich beansprucht und von der er meint, dass sie ihm verweigert wird.

Er wünscht, andere zu kontrollieren, und auf dieser Fähigkeit der Kontrolle beruht seine ganze Sicherheit.

Er ist großer Taten fähig, doch er erreicht selten das Niveau all seiner Fähigkeiten, weil er so in Anspruch genommen ist von sich selbst, dass ihm der kosmische Gesichtskreis, das Allumfassende, seiner persönlichen Ideen fehlt.

Er muss lernen, das Reflektieren (Zurückstrahlen) seiner Taten und Gedanken zu sehen, und er muss erfahren, dass die Münze zwei Seiten hat.

Eventuell wird er verstehen, dass zwar beide Seiten einer Sache total verschieden sein können, jedoch keine besser oder schlechter als die andere ist.

Sein größtes Wachstum erreicht er, wenn er sich von sich selbst lösen kann und ganz unpersönlich über all die egoistischen Dinge lachen kann, die ihn in der Vergangenheit beherrschten.

Er muss schließlich an den Punkt kommen, wo er alle Kraft, alle Stärke und alles Vertrauen an andere weitergeben kann, die es nötiger haben als er.

Und dies muss er mit ganzem Herzen tun, ohne ein Gefühl des Leidens, denn sobald sein Geben ego-zentriert ist, wird er auf seiner einsamen Insel allein bleiben.

Aber wenn sein Großmut wirklich anderen gewidmet wird, ohne dass er stolz auf sein Geben ist, dann kann er einen unendlichen Segen geben, wenn er anderen Vertrauen und Stärke gibt.

Er kann anderen Menschen wieder ihren Lebenswillen geben, den sie verloren hatten.

Er kann das Selbstbewusstsein wieder in anderen erwecken, aber nur dann, wenn er nichts zurückerwartet.

Denn wenn er lernt, seine Energien für andere einzusetzen, wird er erfahren, wie Gott ihn selbst mit allem, was er braucht, versorgt.

Der Mensch wird immer garantiert Leid erfahren, solange er seine Energie nur für sich selbst einsetzt.

Er ist dazu bestimmt, sein Leben für andere hinzugeben.

In der Tat ist er in all seinen früheren Leben auf das Zusammentreffen mit den Personen vorbereitet worden, die ihn jetzt am meisten nötig haben.

Falls dieser Mensch verheiratet ist, wird er viel von seinem zweiten Kind lernen können und auch viel von seinen Neffen und Nichten.

In einigen Fällen ist der Gatte ein „Entflohener“ (geflüchtet vor der unerträglichen Gesellschaft), dem nun sehr viel Stärke und Vertrauen gegeben werden muss, damit er wieder mit der Wirklichkeit klarkommen kann.

Ob verheiratet oder nicht, dieser Mensch wird lernen, dass sein Leben eine Sendung ist, die einer anderen Seele gewidmet ist oder tatsächlich auch mehreren Seelen, die ihn mehr nötig haben als er sich selbst.

Seine karmischen Lektionen bestehen darin, Freundlichkeit und eine verständnisvolle Natur zu entwickeln.

Sobald er dies tut, wird er 1000 : 1 für all sein Geben belohnt werden.

Das Zeichen, in dem der Südknoten steht, zeigt die Art, wie zu viel Ich-Verhaftung aus der Vergangenheit den Fortschritt behindert.

Das Zeichen, in dem der Nordknoten steht, zeigt den Weg, wie der Einzelne Vollkommenheit erlangen kann durch das Aufopfern seines Selbst für andere.

Printed by Books on Demand GmbH, Norderstedt / Germany